M. BRIANCHON

NOUVEL HOMMAGE

A

M. BRIANCHON

SES TRAVAUX DIVERS — SES MANUSCRITS

PAR

L'ABBÉ A. TOUGARD

ROUEN

TYPOGRAPHIE PAUL LEPRÊTRE

75, RUE DE LA VICOMTÉ, 75.

—

1887

AU LECTEUR

Ces pages n'ont été écrites qu'en vue d'une lecture à la Société d'Études diverses du Havre. Plusieurs raisons ont ensuite persuadé d'en faire l'objet d'une publication spéciale.

La vie et les travaux de M. Brianchon eussent aisément fourni la matière d'un volume. Mais le demi-jour dans lequel s'est complu cet homme de bien, s'accommodera mieux d'une simple notice qui s'efforcera d'être brièvement complète sur ce créateur du Bulletin d'Etretat. Sa modestie ne l'empêchera pas de conserver une place honorable dans l'histoire et l'archéologie locales.

Toutefois, son meilleur titre à l'estime fut d'avoir voulu être et, en ces temps d'opportunisme, d'avoir su demeurer, comme son condisciple M. Mars a pu l'écrire de lui-même, excellent « chrétien avant d'être littérateur » et antiquaire.

Petit-Séminaire du Mont-aux-Malades, 20 octobre 1887.

M. BRIANCHON

« Il est bien vrai, comme tout le monde le dit, que
« vous êtes le plus charmant homme que l'on puisse
« rencontrer. » C'est ainsi que le docteur F. Pouchet
commençait sa lettre du 16 octobre 1868 à M. Brianchon.
Ceci soit dit en manière de prétérition, et pour déclarer
qu'on n'entend nullement faire ici le tableau des qualités
de cet homme excellent. Car s'il fallait seulement enre-
gistrer, même sans commentaire, tous les témoignages de
son amabilité que pourraient fournir et ses nombreux amis
et ses lettres encore existantes, un volume entier n'y
suffirait pas.

Qui pourrait en outre exprimer tout l'agrément et le
charme qu'offraient sa compagnie et ses entretiens ? Et à
quel groupe de personnes aimables et du meilleur ton sa
présence n'ajoutait-elle pas un attrait de plus ? Dans toutes
ces profusions de gracieusetés, de traits louangeurs d'esprit,
ce qui en doublait la valeur, c'est qu'on n'y démêlait aucune
vue d'intérêt personnel, aucun retour sur soi-même.

« Pourquoi conservez-vous mes lettres, écrit-il le 18
« octobre 1867 à M. Jeuffrain, curé de Graville-Sainte-
« Honorine ? Cela me trouble, au moment où je recom-
« mence à vous écrire, et je sens que je vais être encore

« plus …. *(le mot de quatre lettres le moins parlementaire)*
« qu'à l'ordinaire. Mais qu'importe après tout, et toute
« question d'amour-propre mise à part. Vous ne m'en
« reconnaîtrez que mieux. »

Pourtant, qui le croirait? Ce parfait gentilhomme faillit
un jour être traîné devant les tribunaux pour une innocente plaisanterie. Nous en avons pour garant le brouillon
d'une lettre qu'il eût certainement détruit, s'il eût connu
son existence. Cela prouve, une fois de plus, que l'histoire
de la sottise humaine n'est pas encore achevée. A cette
vilenie, M. Brianchon, qui avait d'abord offert des excuses,
se redressa de toute la grandeur de sa loyale courtoisie, et
écrivit : « Je retire mes excuses, et je vous attends. » Il ne
s'en tint pas là ; il voulut se venger, mais de la seule
vengeance que puisse goûter un galant homme, et à plus
forte raison un chrétien : il se fit l'un des principaux insti-
gateurs d'une récompense, d'ailleurs justement méritée,
qu'obtint le malheureux qui l'avait si étrangement méconnu.

S'il se montrait si délicat, parfois même si minutieux dans
son style, comme dans ses démarches, c'était uniquement
par désir d'être agréable et de faire plaisir. Peu d'hommes
ont entendu aussi parfaitement que lui cette « prévenance
mutuelle dans les égards », dont S. Paul fait une obligation
aux fidèles (1). A soixante ans il observait, même au
milieu d'intimes amis, cette retenue et cet effacement qui
sont le propre des jeunes gens bien appris. « Attendez,
« disait-il, écoutons et voyons ce qui va se décider. » Et
il consultait sur l'emploi d'un mot préférablement à un
autre des personnes qui eussent plutôt dû prendre ses avis.

(1) *Honore invicem prævenientes* (Rom. XII, 10). C'est, en trois mots,
un traité complet de politesse.

Cet homme qui paraissait si bien fait pour mener la vie distraite et désœuvrée du monde élégant (au point qu'un de ses amis l'incriminait, par une hyperbolique raillerie, de se munir au Havre d'autant de paires de gants qu'il avait de classes de personnes à visiter), soupçonnerait-on que ce fut un travailleur passionné ? Ceux qui l'ont le mieux connu, semblent avoir en cela beaucoup à apprendre encore. Henri de Riancey appelait Paulin Paris un bénédictin de robe courte. M. Brianchon fut mieux que cela : car il en présente une variété exquise et plus rare. Ce fut, si l'on peut dire ainsi, un bénédictin de salon. Homme patient, précis et sans prétention, il se charge volontiers de besognes rebutantes, que l'on rejette d'ordinaire sur les débutants, auxquels elles font la main. Quand l'abbé Cochet imprima les *Procès-verbaux de la Commission des Antiquités*, ce fut M. Brianchon auquel il confia la préparation des tables. Ce dernier les fit exactes, variées, et des plus amples ; au point même qu'une notable partie de son travail dut être sacrifiée. Tout autre eût éclaté en récriminations ; M. Brianchon ne parut seulement pas s'en apercevoir.

Aussi l'abbé Cochet, qui excellait à peindre un homme d'un seul trait, put-il dire en présentant M. Brianchon au préfet de la Seine-Inférieure : « Monsieur le Préfet, je vous « présente un bel homme. Mais il est bien meilleur qu'il « n'est beau ! » Dans les appréciations de M. Brianchon, son péché d'habitude fut un excès de bienveillance délicieusement incorrigible. Heureuse nature qui ne savait jamais voir les choses que du beau côté ! Quelques mois avant sa mort, à la suite d'une importante négociation habilement conclue, il fit voter des remerciements à un personnage dont tout le mérite consistait à n'y avoir pris absolument aucune part.

« Une notice sur cet homme de bien ne peut être complète, écrivait naguère un de ses compagnons d'études, qu'en faisant ressortir, avec les richesses de cette intelligence d'élite, la bonté de ce cœur si aimant et si dévoué. » Toutefois, nous n'insisterons pas davantage, quoiqu'à regret, sur l'homme aimable, puisqu'il a suffi de le voir ou de le lire, pour le reconnaître tel. Tâchons plutôt de révéler l'intensité des recherches et l'activité des travaux de cet antiquaire érudit, de cet observateur sagace. Si nous ne nous abusons, ses amis eux-mêmes ne les ont qu'imparfaitement appréciées. Car les hommages si sincères et si touchants que sa mort a provoqués, sont loin d'avoir tout dit. Au milieu du silence immuable du tombeau, plus de dix-huit mois après qu'il s'est refermé, quelle joie pour tous ceux qui l'ont pleuré, d'en avoir une révélation inespérée !

Celui qui la leur fait, n'y avait pas même songé, alors que le légataire universel de M. Brianchon eut gracieusement mis à sa disposition tous ses manuscrits. Et toutefois le classement de ces volumineux dossiers invitait à recueillir une foule de renseignements simples et précis, qu'il eût été vraiment fâcheux de rencontrer sans les extraire une bonne fois. Enfin, les instances de MM. Braquehais et Alphonse Martin ont fait rédiger cet inventaire sommaire des archives Brianchon. Ainsi s'est édifié un petit monument, peu digne de leur auteur, aussi modeste du moins et aussi vrai que lui.

C'eût été chose facile de faire, à peu près jour par jour, l'histoire d'un homme qui conservait toutes les lettres à lui adressées, enveloppes comprises, même les simples cartes de visite, et gardait copie des plus importantes de ses propres lettres. Mais hélas ! diverses confidences épistolaires, qu'il n'avait point mises en réserve, l'ont amené à demander la destruction de sa correspondance générale. On n'évalue guère à moins de soixante mille le nombre des pièces ainsi livrées aux flammes. Ainsi ont péri des pages du plus haut intérêt pour le fonds comme pour la forme ; les lettres de l'abbé Cochet, par exemple, celles d'Edouard Laboulaye, etc. Par là, ce que nous pourrons esquisser de M. Brianchon se réduit presque à ses vingt dernières années, les seules du reste où se soit pleinement épanouie sa valeur littéraire et archéologique.

Jean-François Brianchon (ses ancêtres ont écrit *Brienchon*) est né à Nesle, au pays de Bray, près de Neufchâtel, le 22 juin 1815, quatre jours après Waterloo. En 1832, il étudiait chez M. l'abbé Motte, à l'ombre de la vieille métropole normande, dans ce dernier vestige de l'école épiscopale des temps carlovingiens, où plus d'un vieillard de notre âge fit alors ses premières armes dans les luttes de la vertu et les labeurs de la science. Brianchon reconnaissant dressa par écrit un double résumé de la vie du saint archiprêtre, comme il possédait deux exemplaires de sa *Notice* par l'abbé Picard. La plupart des publications normandes étaient d'ailleurs chez lui en double : était-ce pour en avoir toujours un exemplaire disponible en faveur de ses amis ?

En octobre 1833, le jeune Brianchon entrait en troisième au Petit-Séminaire de Rouen, au Mont-aux-Malades. Il y eut pour professeur le savant abbé Langlois. Ses débuts furent brillants : le premier accessit d'excellence et quatre prix (second prix de thème et d'histoire, premier de version et de récitation) formèrent sa première moisson de lauriers classiques. En seconde, sous le professorat de l'abbé Pain, ses succès furent moins heureux : car le palmarès de 1835 ne mentionne à son nom que le second accessit d'excellence, le premier de version, le second prix de thème et le premier de récitation : il avait rencontré dans cette classe pour condisciple le vénérable curé d'Yport. Au terme de sa rhétorique (1836), qu'il fit sous l'abbé Neveu, de spirituelle mémoire, il obtint encore le second accessit d'excellence, le premier de discours latin et de discours français, et enfin le premier prix de version latine (on ne composait plus en récitation). En somme, on le voit, Brianchon avait soigneusement cultivé les diverses branches de l'enseignement (1), et il avait ainsi heureusement développé ses facultés intellectuelles. Sans avoir passé par le baccalauréat, bien mieux même qu'en se courbant à ces fourches caudines, le but des bonnes et sérieuses études était donc pour lui pleinement atteint : il était bien préparé à l'infinie variété d'objets sur lesquels peut s'exercer l'activité d'un homme de lettres.

Qu'allait donc devenir notre lauréat ? Ce monde, où il devait s'attacher autant d'amis qu'il y eut de connaissances, lui faisait grande peur apparemment; et de plus il ignorait sans doute encore la place que Dieu y avait marquée pour lui. Toujours est-il qu'une heure après les prix, le pauvre rhétoricien fondait en larmes, en descendant

(1) Seule entre toutes les facultés, la poésie latine, pour laquelle il paraissait si bien doué, lui était moins familière; et une allusion, à propos des débuts archéologiques de l'abbé Cochet, semble prouver qu'il n'en conserva pas un bon souvenir. Peut-être n'avait-il qu'imparfaitement traversé les divers préludes qui rompent aux difficultés de la versification latine, et en livrent tous les secrets.

cette colline qu'il devait parfois remonter pour rendre visite à Mme de Caze. Le jeune Alliaume, qui débutait cette année-là même en cinquième, et devait, à vingt ans de là devenir supérieur du Petit-Séminaire, courut à lui avec étonnement : « Comment, lui dit-il, tu pleures ! « Tu n'es donc pas content d'aller en vacances ? »

Ce surprenant spectacle de jeunes gens de vingt ans qui pleurent au sortir de leur maison d'études, se renouvelle encore chaque année. Il serait aisé d'en exposer quelques raisons, si c'en était ici le lieu (1). L'aimable jeune homme laissa au Mont-aux-Malades, comme partout, un souvenir durable ; et dix ans après son départ, le Supérieur du Petit-Séminaire citait encore à ses élèves François Brianchon comme le modèle accompli de l'enfant bien élevé et de l'écolier laborieux. Environ quarante ans plus tard, M. Brianchon témoignait sa gratitude au vieux prieuré, en prenant part au don d'un vitrail offert par MM. Fauconnet, Marguerin, Tirel et Colas.

De 1836 à 1850, la vie de M. Brianchon ne nous a laissé presque aucun souvenir. C'était le temps de son préceptorat : et à en juger par ses moindres travaux, on peut deviner quel soin il apportait à ses leçons. Le charme de son enseignement était naguère appelé par un homme qui en avait joui, et qui lui fait honneur aujourd'hui, M. le docteur P. Levasseur, ancien président de l'Académie de Rouen, lauréat de l'Académie de Médecine.

(1) On ne retrouverait sans doute pas des regrets aussi profonds dans ces institutions où, selon le langage des professeurs eux-mêmes, les maîtres ne sont que des chiens (d'un troupeau), et les élèves des polissons, expressions recueillies sur les lèvres de deux membres éminents de l'enseignement public.

C'est qu'en effet, pour M. Brianchon, il n'y avait rien de petit, rien de négligeable (pour employer un mot historique dont la France et J. Ferry ont payé les frais). Toute chose à laquelle il mettait la main, devenait pour lui *une affaire* (1). Au mois d'août 1883, je le vis relever des maximes écrites sur les lambris de la chapelle des Essarts, près Rouen, appartenant à M. Alfred Pimont, l'un de ses meilleurs amis. On peut affirmer que l'Institut n'apporte point une plus scrupuleuse application au *Corpus inscriptionum semiticarum*, que n'en dépensait alors le copiste dans l'établissement de textes dont l'unique intérêt était de remonter à un siècle environ.

M. Brianchon, il est à peine besoin de le dire, se tint éloigné de la politique, comme tous les hommes sages que leur position ou des traditions de famille n'y engagent point. Il y a pourtant de sa main quelques pièces sur ces brûlantes matières. Outre trois petits dossiers : *Projet de loi électorale en 1848,* — *Législation,* — *Elucubrations administratives* (ces deux derniers sans date) ; en 1846, il se déclare pour M. de Lillers, en faveur de la liberté d'enseignement, et rejette M. Vitet. Il sut d'ailleurs conserver toujours la plus exquise courtoisie. Sous l'Empire, le rival de son candidat au Conseil général était un docteur. Or, observe son projet de manifeste, « il ne faut jamais dire de mal d'un médecin. »

(1) Aussi comment dépeindre ses angoisses quand, après s'être entouré de toute sorte de documents, il en vint à constater la fausseté d'un mémorial funéraire, posé par ses soins? Il n'y fallut rien moins que toute l'industrie et l'affection de ses amis pour le consoler d'une méprise absolument innocente.

De jalouses railleries l'avaient prévenu contre des recherches histo-riques faites dans son voisinage. Mieux éclairé depuis, il tint à faire visite au travailleur pour l'assurer qu'il était désormais avec lui.

Il est vrai qu'il ajoute aussitôt cette antithèse, laconique mais écrasante : « Que promet-il ordinairement ? Tout. — Et que tient-il ? Rien. »

En février 1851, M. Brianchon fit un voyage en Allemagne, comme nous l'apprend un passeport visé à Fribourg. Il alla, cette même année, aux bains de Néris, dans l'Allier.

L'année suivante, il dresse le catalogue de sa bibliothèque, alors composée de cinq à six cents volumes, où l'anglais et l'espagnol sont aussi bien représentés que les sciences. Plus tard il rédigea un *Projet de Bibliothèque d'élite*, où les principes de l'érudition moderne feraient apparemment plus d'une coupure, lequel néanmoins atteste de longues recherches.

M. Brianchon n'écrivit guère que durant vingt-cinq ans ; mais pendant cette période son activité fut admirable. Cette notice n'a pas à signaler ses ouvrages imprimés, assez appréciés pour se passer d'analyse. Un mot seulement rappellera que, dans le joli *Bulletin d'Étretat* (1859-1862), la verve de Brianchon marche de pair avec Alphonse Karr ; ce qui est tout un éloge.

A la création de la *Revue de la Normandie* par l'abbé Cochet, M. Brianchon se plaça tout d'abord parmi ses collaborateurs les plus estimés. « Vos articles, Monsieur, lui écrivait, le « 13 mai 1862, M. Gustave Gouellain, qui alors lui « était inconnu, vos articles sont au nombre de ceux que « l'intérêt bien entendu de la *Revue* doit me faire rechercher « activement. » Lorsqu'il entrait dans les bureaux, drapé dans son grand manteau, les imprimeurs, au témoignage de M. P. Leprêtre, croyaient à quelque apparition de l'un de ces gentilshommes lettrés qui furent l'honneur de la société française au dernier siècle.

Il collaborait dès 1859 au *Journal de Bolbec*. Un article à remarquer est celui du 20 avril 1861 ; car, chose étonnante, lui, l'homme bon et pacifique par excellence, il y faisait de la polémique ou, plus exactement, intervenait à propos d'une polémique, où deux de ses amis avaient été fort maltraités. Voici le fait : la restauration de l'église d'Harfleur avait attiré, dans un journal, à l'abbé Marainne et même à l'abbé Cochet des reproches plus que sévères. M. Brianchon n'y tient plus ; et, bien que l'abbé Lecomte eût déjà pris la défensive, il rédige dans son article une longue étude dont les conclusions sont une éclatante apologie des deux inculpés. Mais il s'efforce en même temps de justifier les intentions de l'agresseur ; en quoi il semble se faire l'avocat d'une cause au moins risquée.

A plus de vingt ans de là, une note odieuse sur la chapelle des Médecins dans la basilique de Montmartre lui fit écrire aussi pour le *Journal de Bolbec* un article assez étendu, d'une modération parfaite, malgré la conclusion, où il ne faisait d'ailleurs que citer :

Bien faire,
Et laisser braire.

Cette réplique paraît être demeurée inédite. Peut-être l'auteur estima-t-il, avec raison, qu'il ne faut pas honorer d'une réponse des misérables qui se sont donné pour mission de faire disparaître du monde le respect pour tout ce qui est grand, noble et pur.

Sa notice sur l'*Église de Valliquerville*, publiée dans le même journal, le 16 juillet 1864, est un vrai mémoire archéologique, auquel l'érudition ne fait pas défaut, et l'intérêt encore moins. Après l'ouragan du 12 mars 1876, cette belle église rencontra en lui un avocat infatigable pour provoquer une restauration qu'il ne devait pas voir, puisqu'elle ne s'est accomplie qu'après dix ans révolus, au mois de septembre 1886.

C'était peu pour lui de décrire nos vénérables sanctuaires ; il s'employait encore de son mieux à les restaurer. « Vous raisonnez admirablement archéologie, lui écrit le 24 décembre 1864 M. l'abbé Sommériil. On ne saurait mieux diriger les travaux de l'église d'Angerville-Bailleul. »

En 1866 il écrit dans le *Courrier du Havre*, où son initiative provoque la restauration du tombeau de Léon Buquet, fondateur de cette feuille.

Le 21 novembre de la même année, un brillant professeur du Collège de France lui confie une négociation qui fut tout un évènement dans le monde politique et littéraire. En effet, M. Ed. Laboulaye le chargeait du soin de retrouver l'autobiographie de Franklin. Il lance aussitôt deux lettres ; mais ceux qui semblent le mieux renseignés, le persuadent qu'il est sur une fausse piste. Il persévère néanmoins, et dès le 28 janvier suivant, il apprend que M. J. Bigelow, ancien ministre des États-Unis, s'est rendu acquéreur du dossier désiré, au prix de 25,000 francs. « Si on voulait de « mon écriture au même prix, conclut agréablement « M. Laboulaye, je me chargerais d'en fournir avec un « rabais de 20 o/o. » On jugera de la satisfaction de l'illustre académicien par ce piquant début de sa lettre du 12 janvier : « Vous méritez la croix d'honneur, et vous « l'aurez quand je serai ministre. Vous n'avez donc plus « à attendre qu'une trentaine d'années tout au plus. »

C'était apparemment vers le même temps qu'il collaborait à l'*Histoire de la Faïence de Rouen*, d'A. Pottier. Mais déjà la charité, plus active encore chez lui que l'érudition, lui

avait fait fonder à Gruchet, le 26 février 1865, la *Société
de S. Thomas*, association de secours mutuels pour les deux
sexes, dont cette commune pourrait seule dire tout le bien
qu'elle mérite.

M. Brianchon a écrit également dans l'*Impartial de Rouen*
(deux courtes notices, dès 1847-1848), dans l'*Annuaire des
cinq Départements de la Normandie*, dans le *Bulletin de la
Société des Antiquaires de Normandie*, dans l'*Écho du Havre*,
dans le *Journal de Neufchâtel*, dans l'*Impartial du Nord*
(à Valenciennes).

Son attention était toujours en éveil, pour réunir toutes
les informations utiles. Le 3 novembre 1874, il découpe
dans le *Petit Journal* ces trois lignes : « Dans les travaux
rue de Trion, à Saint-Just (Lyon), on vient de découvrir
des lampes en terre, des médailles, des monnaies, et une
énorme pierre à sacrifices. » Les observations personnelles
ne manquaient pas, comme on le pense bien. « J'ai visité
« dernièrement, écrit-t-il le 29 juin 1881, les trois églises
« de Jumiéges, Duclair et Saint-Wandrille. Il y a là des
« mystères d'architecture bien curieux, des études à faire
« très intéressantes. »

La littérature proprement dite semble n'avoir guère
occupé M. Brianchon. Cependant on nous a signalé
naguère plusieurs notes insérées au *Journal de Bolbec* (il
n'en reste pas trace dans ses papiers), sur les romances et
chansonnettes de son ami, feu M. Marguerin, avoué à
Rouen.

De plus, comme un bon nombre des plus habiles lettrés
de notre époque, il reporta son attention sur ses premiers
bégayements au sol natal, sur ces formes de langage
dédaignées des pédants sous l'appellation méprisante de

patois. Il dressa du patois brayon un petit inventaire comprenant environ six cents mots. On lui doit encore la parabole de l'*Enfant prodigue*, mise en ce dialecte. Enfin il eut l'honneur de collaborer à la curieuse entreprise, menée à bien par M. l'abbé Sire, prêtre de Saint-Sulpice, pour rendre la bulle *Ineffabilis* (dogme de l'Immaculée Conception) dans tous les idiomes connus. Sur la recommandation de M. l'abbé Delalonde, la version brayonne fut confiée à M. Brianchon (1); et après avoir été admirablement calligraphiée par des religieuses de Rouen, elle fut déposée dans la Bibliothèque vaticane, où elle se conserve dans un meuble spécial.

M. Brianchon rima toute sa vie, bien qu'il ait imprimé fort peu de vers. Sa muse eut toujours l'haleine courte, et se complut aux infiniment petits. Les zoïles ont pu déchirer dans ses vers une des qualités maîtresses, l'esprit, puisqu'il y pécha plutôt par excès que par défaut. Ses répliques surtout, celles à M. le docteur Helot par exemple, étincellent d'ingénieuse habileté. Voici un quatrain dont les mères en deuil pourraient seules dire tout le prix :

EPITAPHE DE CLARA FAUVEL

Sous cette pierre de douleurs
Ci-gît Clara, non tout entière ;
Une autre part repose ailleurs :
Dans le cœur navré de sa mère.

Les saints Livres durent être l'objet de la prédilection spéciale du littérateur archéologue. Son admirable discours aux obsèques de l'abbé Cochet renferme une allusion des

(1) Elle fut traduite en cauchois par M. l'abbé Comont, aujourd'hui curé de Varengeville.

plus heureuses au psaume LXXXIX (jeudi à laudes), et montre qu'il en connaissait d'autres que ceux qui font partie des chants ordinaires de l'Église.

Le 7 décembre 1866, M. Brianchon acheta pour 135 francs, à Bolbec, le boisseau étalon de cette ville, exécuté en bronze au XIVe siècle, et orné plus tard des armes de la maison d'Harcourt. Il le fit passer sous les yeux du public aux expositions universelles de 1867 et 1878, à l'exposition maritime du Havre en 1868, et en dernier lieu, au concours régional de Caen en 1883. Vers la fin de cette même année il offrit le boisseau au musée départemental des Antiquités.

En 1872, il avait également fait présent au musée de Sèvres de briques ornementées assez rares. L'année précédente il avait commencé un album de la Commission des Antiquités, qui devait comprendre les portraits avec notes biographiques et, quand il y avait lieu, les armoiries des membres. C'était plutôt une fantaisie d'amateur qu'un travail d'érudit. Cet album n'a jamais été que ébauché; il n'en a pas moins dû coûter au collectionneur une multitude de démarches, de pourparlers et de lettres.

Entré à la Société d'Études diverses du Havre en 1867, il en suivit avec intérêt les travaux. Dès le 12 janvier 1865, il avait été nommé membre de la Commission départementale des Antiquités, en même temps que M. l'abbé Somménil et l'un des vénérés doyens du Conseil général, M. de Girancourt. Un arrêté de M. Lizot, alors préfet, en date du 22 octobre 1874, le fit entrer dans le bureau de cette Commission en qualité de secrétaire-adjoint. A peine l'abbé Cochet put-il jouir de cette mesure qu'il avait provoquée, puisqu'il tomba bientôt malade et mourut le 1er juin suivant.

C'est peut-être au sein de cette Commission que M. Brianchon rendit le plus de services pour l'étude et la description des antiquités locales. Car il fut l'un des membres qui comprit et remplit le mieux le rôle qu'avait eu en vue l'administration départementale en l'instituant. Les nombreux procès-verbaux qu'il rédigea, clairs et pleinement exacts, sont de petits chefs-d'œuvre d'élégance et d'urbanité. Quant à ses divers rapports et mémoires, la critique la plus ombrageuse leur pourrait tout au plus reprocher de longues citations d'auteurs bien connus. Mais elle devrait en même temps proclamer que cette prolixité même concourt, avec l'excellente distribution des documents et la parfaite lucidité de l'exposition, à rendre ces morceaux pleins d'attrait pour les profanes.

Après la mort de l'abbé Cochet, M. Brianchon sembla redoubler d'ardeur pour compenser cette perte immense. Il eut une part considérable, sinon décisive, dans le classement des églises de Raffetot et de Saint-Eustache-la-Forêt au nombre des monuments historiques. Dans ses démarches pour une nouvelle restauration de Saint-Jean-d'Abbetot, il surpassa même, s'il se peut, les instances du regretté inspecteur des monuments religieux. A lui revient aussi, pour une part notable, l'honneur d'avoir conservé à la ville de Rouen sa porte Guillaume-Lion.

Ce fut dans cette ordre d'idées qu'il dressa le plan d'un *Conservatoire archéologique de l'arrondissement du Havre*, composé de soixante-huit membres, répartis en trente-sept communes. Ce projet mériterait peut-être d'être repris et mis à exécution.

Malgré sa tendance à conformer ses sentiments à ceux de son entourage, il n'hésita pas à déclarer qu'il approuvait hautement l'enlèvement du jubé de la Cathédrale, alors que tous ses confrères semblaient opposés à cette mesure.

Les observations et les études auxquelles l'obligeaient en quelque sorte son titre de membre de la Commission, furent apparemment ce qui l'empêcha d'achever et même de rédiger divers travaux de longue haleine, entrepris auparavant, dont il importe de consigner ici le souvenir.

Les manuscrits Brianchon forment vingt-quatre volumes, de grosseur et de format divers (dont sept in-folio). Nombre de pièces ne sont que la copie de mémoires et d'ouvrages que M. Brianchon a imprimés. Mais, en ce cas même, ils ont leur intérêt en révélant ses procédés d'information, et par les matériaux qui s'y trouvent joints.

Plusieurs dossiers portaient en eux la désignation de leur destinataire. Le plus important par son sujet fournit les éléments de la continuation des mémoires sur la *Jeunesse de Cuvier;* et il a été remis à M. Brunschwig. Le légataire universel a vivement désiré que la Société d'Études diverses prît acte de cette cession; afin que si cette histoire partielle du grand naturaliste est jamais poursuivie, la part qui en revient à son membre, ne soit pas mise en oubli.

Une grosse liasse de notes diverses sur Gruchet-le-Valasse est allée enrichir, s'il est possible, la magnifique collection de pièces réunies par M. Somménil. Malheureusement ce docte chanoine ne rédigera sans doute jamais son *Histoire de Gruchet,* qui eût pris sous sa plume des qualités dont nul autre ne saura la revêtir.

Des *Notes sur Port-Royal* ont échu à M. Bouquet; et les matériaux sur Blain d'Esnambuc sont revenus à M. Beaucousin d'Yvetot. Le manuscrit des *Cauchoises,* poésies d'Edouard Neveu, a été confié à M. Biochet pour le musée municipal de Caudebec. Enfin, une copie des *Feuilles civiques* de l'abbé Anfray, faite par M. Brianchon, était destinée à M. Bailliard, le sympathique bibliothécaire du Havre, avec cette note : « pour lui-même, ou pour la Bibliothèque. »

Les matériaux sur Montivilliers composent cinq volumes; et deux autres volumes renferment ceux de Fécamp. Il y a là une masse de notes importantes; par exemple, une analyse des *Registres journaliers* de Montivilliers, des extraits de J. Bain sur la même abbaye, enfin une copie du cérémonial et de D. Jouzelin sur Montivilliers; et pour Fécamp, la *Table* de D. de Mareste avec une copie du ms. Buquet. Tout cela forme un ensemble précieux de documents considérables; mais, à connaître l'exactitude scrupuleuse de M. Brianchon dans ses moindres écrits, et la plénitude d'informations dont il aimait à s'entourer, il n'est guère probable qu'il ait jamais espéré mettre au jour l'histoire complète de ces deux villes ou seulement de leurs abbayes, tant le sujet est étendu et varié. Tout au plus songea-t-il à quelque chapitre détaché de leurs longues et instructives annales.

Après ces sept volumes, le dossier le plus notable est celui de Ste Honorine. Cette martyre cauchoise touche aux origines de la foi dans la Haute-Normandie. Ce qu'il lui a consacré d'investigations, nul ne saurait exactement le déterminer; car il est clair que les notes qu'il a réunies, ne représentent que la moindre partie des livres, des manuscrits, des archives qu'il a vainement interrogés. Quelle simplification de recherches serait résultée de cette simple phrase, jetée depuis par l'un des Bollandistes contemporains dans une lettre à M. l'abbé Sauvage : « Pour

Ste Honorine, il faut se résigner à ne connaître que son nom. » Encore doit-on douter qu'il se fût décidé à passer outre aussi prestement, tant il aimait à s'enquérir, à scruter, j'allais dire à s'attarder.

Une de ses qualités (d'autres diraient peut-être de ses estimables défauts) était de prétendre toujours atteindre son sujet jusqu'en ses derniers accessoires. Il avait donc intitulé ce dossier : STE HONORINE. *Trinome* ou 1° Mélamare; 2° Graville; 3° Conflans-Ste-Honorine. » Ainsi entendue, cette monographie de la sainte, même avec une seule ligne pour la biographie, eût certainement rempli un honnête volume; il fallait y suivre les phases du culte, décrire deux villages et un bourg, en faire l'histoire, celle d'une abbaye et d'un prieuré, enfin analyser une foule de monuments archéologiques, peut-être même en découvrir un du plus haut intérêt : cette crypte que l'on peut soupçonner à Méla-mare, sans que notre siècle l'ait connue, mais dont M. Brianchon semble avoir retrouvé la trace dans les tra-ditions. Au dossier figurent et une liste de vingt-quatre correspondants, avec la copie des lettres qui leur furent adressées; et le dépouillement des registres paroissiaux de Mélamare, de 1640 à 1780, pour y noter, parmi les patrains et marraines, les nobles personnages.

Les Cardinaux normands forment un autre volume, composé en grande partie d'extraits des ouvrages spéciaux dont un italien, avec armoiries dessinées et blasonnées.

Citons encore quelques groupes de notes qui donnent une idée de sa manière de travailler. Une *Analyse sommaire* de la notice de M. Borel d'Hauterive sur la maison de Malet remplit, avec nombreux blancs il est vrai, un cahier in-8° de cent onze pages. — Sous le titre des *Bas-reliefs dits de Michel-Ange*, étudiés en 1883-1884, sont réunis quarante-trois lettres, quatre dessins et trois brochures. — Enfin une gravure de quelques centimètres carrés, les armoiries de Bolbec, auxquelles M. Brianchon donna tous ses soins, mériterait une histoire. L'étude de ce projet se prolongea durant trente années (1855-1885). Au mémoire proprement dit s'annexent plus de quatre-vingts pièces de correspondance, où l'Institut (quatre lettres d'Auguste Le Prevost) et les Archives de l'Empire se croisent avec un artiste dramatique de Troyes, et avec l'inépuisable obligeance de M. Ernest Dumont, du Havre.

M. Barthélemy lui fit l'honneur de le consulter sur le modèle des clochetons qu'il préparait pour la flèche de la Métropole (1). M. Brianchon commença une traduction française du *Chronicon Valassense*. Son empressement à être utile l'entraînait quelquefois bien loin de ses occupations ordinaires : c'est ainsi que plusieurs pièces manuscrites concernent le *Projet de Graissoir automate* par M. Vatinet, de Bernières.

La partie la plus instructive de ses manuscrits se compose de notes historiques et archéologiques, parfois avec dessins et plans, sur soixante ou quatre-vingts localités, toutes de la Seine-Inférieure, à deux ou trois exceptions près. Les objets ou monuments sont décrits *de visu*, et assez souvent

(1) Ce rôle d'arbitre ne va jamais sans quelque péril. Quand M. l'abbé Somm, il confia à M. Brianchon la révision des épreuves. Le correcteur ayant pris sur lui un remaniement de phrase, une discussion philologique s'engagea par correspondance ; et ce fin lettré se déclara vaincu par le prêtre éminent qui, supérieur encore à Lhomond en humilité, put un jour résumer toute la carrière de son fructueux enseignement par cette signature charmante : *septimæ scholæ professorulus et infrà*.

après des visites réitérées. Il faut y joindre une petite liasse sur *Quelques anciennes Maisons des arrondissements du Havre et d'Yvetot*.

Dans une note, malheureusement sans date mais qui doit être assez récente, M. Brianchon a dressé la liste de ses *Notices en préparation*. Voici les titres des mémoires inédits, dont il n'a point encore été parlé : *Répertoire des actes de baptême, mariage et inhumation de la paroisse de Saint-Thomas de Gruchet-sous-Bolbec, depuis 1625 jusqu'à la Révolution ; — Quelques vieilles coutumes de Nesle-en-Bray sous la Restauration ; — Recherches sur les noms de Brienchon ; — Notes de Voyage ; — Inventaire des Antiquités romaines et franques découvertes à Lillebonne depuis 1750 ; — Addition aux* Lettres civiques *de l'abbé Anfray ; — Les pierres tombales de Port-Royal-des-Champs à Magny-les-Hameaux ; — Une signature du père de Corneille ; — Généalogie de la famille d'Alençon* (de Lorraine) ; — *Essai sur l'organisation du suffrage universel ; — Comment meurent les pierres tombales (épisode de l'histoire de Cailleville-en-Caux) ; — Invention de la sépulture de Guillaume Malet de Graville ; — Inscriptions de la chapelle des deux saint Antoine au château des Essarts ; — Les deux statues du parc royal de Marly, à Bolbec ; — Le château d'Estelan ; — Liste générale des écrits de l'abbé Cochet ; — Lettres de l'abbé Cochet ; — Correspondance de l'abbé Cochet ; — Analyse méthodique des* Procès-verbaux *et du* Bulletin de la Commission des Antiquités ; —*Tableau comparé des dessins, plans, photographies, gravures, etc., offerts à la Commission des Antiquités, et mentionnés dans ses* Procès-verbaux *et les originaux conservés dans ses archives ;* (sic (1). — M. Brianchon, on

______

(1) La liste est donc incomplète. On pourrait notamment y ajouter une *Notice historique et archéologique sur le manoir de Caltot, près Bolbec,*

le comprend, avait rigoureusement pris pour règle de conduite cette belle maxime, que rappelait fort à propos à la jeunesse des Écoles notre éminent et dernier doyen de la Faculté de Théologie : « Travaillez comme si vous deviez toujours vivre ; vivez comme si vous deviez mourir demain. »

Dans la sérénité de ces douces et profitables études, M. Brianchon avait insensiblement atteint les jours de la vieillesse. Une généreuse reconnaissance, parant aux brusques vicissitudes des vides causés par la mort, l'avait mis à l'abri des préoccupations du lendemain. Aux yeux du monde, quelle vie s'écoulait donc à flots plus enchantés que la sienne ? Mais la douleur et l'angoisse sont l'inévitable lot de l'homme sur cette misérable terre. L'amitié fut le principal martyre de M. Brianchon. Son âme, d'une délicatesse exquise, s'était, pour ainsi dire, identifiée à une élite de nobles et intimes amis. Il en perdit et des plus vieux et des plus proches durant les dix dernières années de sa vie ; et à la mort de chacun d'eux, c'était à la lettre une partie de lui-même qui s'anéantissait. L'âge, qui engourdit la sensibilité du cœur, semblait raviver la sienne ; en sorte que chaque nouveau coup l'atteignait plus cruellement que le précédent.

En 1884, M. Brianchon s'avisa d'écrire quelques *Pensées*. Il leur réserva un petit cahier in-18, au titre duquel il inscrivit le mot assez énigmatique FUROLLES, le faisant suivre de cette glose : « On appelle *furolles* dans le Pays-« de-Bray (et ailleurs : car le mot n'est pas exclusivement « local) les feux-follets qui s'allument par les nuits noires « et viennent se poser, tout tremblotants, sur le front des

jolie construction ignorée de l'abbé Cochet, que M. Brianchon avait vue mentionnée dans la *Géographie de la Seine-Inférieure*.

« voyageurs pensifs, particulièrement au temps de l'Avent. »

Voici celles de ces Pensées qui ont paru les plus remarquables :

« Le passé n'est plus, l'avenir n'est pas, le présent fuit. O misère de l'homme !

« Toute femme qui rabaisse son mari, descend au-dessous de lui ; et toute femme qui exalte son mari, se grandit elle-même.

« Pensée d'un septuagénaire : Dès l'instant où je suis né, j'ai commencé à mourir. J'achève.

« Le bonheur se résume en un seul mot : pouvoir.

« On dit : « vouloir c'est pouvoir. » Oui, mais il faut pouvoir vouloir.

« La mort doit être faite pour consoler de la vie. Pourquoi, au lieu d'en être la rose, en est-elle plutôt l'épine ?

« L'âme aussi a ses blessures, qui sont plus difficiles à guérir que celles du corps.

« Je comprends Dieu sans l'homme ; je ne comprends pas l'homme sans Dieu.

« La prière est aussi nécessaire à l'existence de l'âme, que le souffle à celle du corps.

« La vie est la loi. La mort n'est qu'un accident.

« A la vie, qui est une fleur, son parfum est l'amitié.

« O mon fils, dans ces tombes ouvertes sous tes pas, à diverses heures de ta vie et en différents endroits de ce dortoir universel qu'on appelle le cimetière, tu as cru que tes parents bien-aimés, ton père et ta mère, ton grand-père et ta grand'mère, ton oncle et ta tante y descendaient seuls. Tu t'es trompé ; avec eux y est descendue une flamme d'affection qui ne se rallumera plus jamais.

« La pensée de la mort étreint et glace la vie.

« Le jugement faux ne se redresse jamais.

« Un bon cœur est parfois un bien et parfois un mal. C'est toujours une souffrance.

« Ne vous exposez jamais à regretter de ne pouvoir faire le lendemain ce que vous n'avez pas voulu faire la veille.

« Faire du bien, c'est la vie du cœur.

« C'est si mauvais de haïr, et c'est si bon d'aimer !

« J'ai tant aimé les vieillards quand j'étais jeune, que j'ai parfois peine à comprendre que les enfants se détournent de moi, aujourd'hui que me voilà vieux.

« Qu'est aujourd'hui l'éducation ? Rien. Que doit-elle être ? Tout. — L'instruction fait les savants, l'éducation fait les hommes.

« Avec la religion, l'homme est si imparfait ! Sans la religion que deviendra-t-il ?

« Qu'est-ce que la vie ? Le chemin de la mort. — On a peur de la mort; et pourtant elle délivre de la vie.

« Mieux vaut petit être, que grand paraître.

« Que l'homme se garde toujours, en ne faisant pas toutes les joies qu'il peut faire aux autres, d'attirer sur lui les tristesses de Dieu.

« L'amitié qui n'agit pas, est comme la foi sans les œuvres : c'est une amitié morte.

« On se console, par l'esprit qu'on se donne, de celui qu'on n'a pas.

« Savoir causer est commun; c'est savoir écouter qui est rare.

« Quand nous faisons mal, la voix qui crie le plus fort n'est pas la voix des autres; c'est la voix de notre conscience.

« Poésie et vérité : « Cheveux blancs, fleurs de « cimetière, » disait ma mère.

« Semez le bien, vous récolterez le mal.

« Le cœur et la tête sont rarement en équilibre. L'un se développe presque toujours au détriment de l'autre.

« Comme on connaît l'arbre aux fruits qu'il porte, au bien qu'il fait on connaît l'homme.

« Avec du cœur on fait les affaires des autres; sans cœur, on fait les siennes.

« La vie est un calvaire sur lequel l'homme s'étend, avec plus ou moins d'angoisses, depuis son premier jour jusqu'au dernier.

« A l'indulgence que nous avons pour les autres, il n'est pas difficile de mesurer celle qu'ils ont pour nous.

« La vie est une pincée de feuilles. Toutes les fois que j'ai perdu un ami, ma vie s'est effeuillée d'autant.

« Que la vie est triste pour un passage, puisqu'il faut la quitter ! (*Lettre de Mademoiselle Eugénie Bl..., du 23 juillet 1885*).

« Aimer et admirer, les deux grands courants qui ont entraîné ma vie.

« Nous nous regardons ; les autres nous voient.

« Puisque vivre c'est mourir ; ah ! si mourir c'était vivre !

« Une seule épine qui pique nous fait plus de mal que ne nous font de bien mille roses qui embaument.

« L'égoïste est de bonne foi ; ne regardant que soi il ne voit pas les autres.

« Les torts que nous pardonnons le moins aux autres, ce sont les nôtres.

« *Vince in bono malum.* Fais plus de bien que de mal.

« *2 mars 1886.* Qui a vécu par le cœur, périra par le cœur.

« Où le pot de fer passe, le pot de terre demeure.

« Tant vont les jours que le dernier arrive.

« A tous mes amis bonheur et santé !

Tout à coup l'avenir se montra pour lui sous les couleurs les plus affreuses : il se demanda s'il n'allait pas être contraint de quitter ce bien-aimé Gruchet, sa seconde patrie, où il avait vécu près d'un demi-siècle. Une libéralité princière eut beau lui assurer ses appartements avec deux domestiques à ses ordres ; l'épreuve l'avait trop ébranlé. Il loua un logement à Rouen près de son cher docteur Levasseur, mais n'eut pas le temps de s'y installer. La maladie humilia un instant jusqu'au délire cette nature si digne et si calme ; Dieu en eut pitié cependant : et il lui rendit la paisible possession de soi-même quelques jours avant le 15 mars 1886, où il s'éteignit doucement.

Voici, pour tout résumer, l'impression que produisit cette belle vie, sur l'un des plus intimes confidents de ses dernières années :

« C'était un cœur d'or, un homme de la plus grande
« simplicité, ayant de lui-même les sentiments les plus
« modestes, vrai et sincère dans les déférences qu'il
« témoignait à tous. »

Que de longues nécrologies sont moins flatteuses que ces quelques lignes ! C'est qu'en effet, s'il n'y a pas de grand homme pour son valet de chambre, parce qu'il s'agit là d'une grandeur factice et d'apparat, les saints ou même seulement les hommes vertueux le sont surtout pour leur entourage le plus voisin.

« Quand on aime, c'est pour toujours, » a écrit quelque part M. Brianchon, érigeant ainsi en pratique vulgaire ce qui n'est, dans une société légère et jalouse, qu'une merveilleuse exception. S'il se trompa, c'est qu'il jugea des autres par lui-même; et il ne s'est jamais mieux peint que dans cette phrase. En effet, comme l'a dit l'abbé Cochet, avec son habituel bonheur d'expression: « Brianchon « s'est fait beaucoup d'amis; il n'en a jamais perdu « aucun ! »

IMP. PAUL LEPRÊTRE. — ROUEN

www.ingramcontent.com/pod-product-compliance
Lightning Source LLC
LaVergne TN
LVHW010459060726
842527LV00005B/1831